Christina und Manfred Kage

KAGEs fantastische Insektenwelten

Manuela Kinzel Verlag

„Laß den Makrokosmos gelten,
Seine spenstigen Gestalten!
Da die lieben kleinen Welten
Wirklich Herrlichstes entfalten."

Johann Wolfgang von Goethe (1749-1832)
an Julie Gräfin von Egloffstein (1792-1869)

für Ninja-Nadine und Oliver

Für Jacob

Ninja-N. Kage
Oliver Kage

▲ **Buchtitel: Leuchtzikade oder Laternenträger**
 Diese Zikade stammt aus Malaysia und wurde 1833 von Lorenz Oken in seiner „Allgemeinen Naturgeschichte für alle Stände" als „Schmetterling, der Wanderern in dunkler Nacht den Weg erhellt", erwähnt.
■ Makro, 1,5-fach

Vorwort

Mit diesem Buch möchten wir das Interesse an der faszinierenden Welt der Insekten wecken und auf ihre immense Bedeutung für unser gesamtes Ökosystem hinweisen. Insekten sind die Hauptnahrungsquelle von Vögeln, deren Artenvielfalt vom Vorhandensein der Insekten in allen nur erdenklichen Nischen dieser Erde abhängt. Auch die heutige Pflanzenvielfalt und ihre Blütenpracht wären so wohl nicht zu finden, da Insekten oftmals deren Bestäubung vornehmen.

Seit dem Bestehen unseres Institutes wurden viele Bilder von Insekten gestaltet, und zu jedem einzelnen gibt es eine eigene Geschichte. Ältere Aufnahmen stehen in diesem Buch neben solchen, die mit der neuesten Technik aufgenommen worden sind.

Das Buch will mit seinen Bildern vor allem das Auge erfreuen und erhebt keinen Anspruch auf wissenschaftliche Vollständigkeit.

Entstanden ist es durch die intensive Zusammenarbeit von Christina und Manfred Kage, Ninja-Nadine Kage und Oliver Gerstenberger, der auch das Layout dieses Buches gestaltet hat. Das Insektenfieber hat uns alle dabei ergriffen, und wir hoffen, dass sich unsere Begeisterung auch auf die Betrachter der Bilder überträgt.

DANKSAGUNG

Wir danken Herrn PD Dr. Alfons Renz, Tübingen, für das Redigieren der Texte, allen Freunden und Mitarbeitern, die auf die eine oder andere Weise am Gelingen dieses Buches beteiligt waren, und dem Manuela Kinzel-Verlag, der mit diesem zweiten Buch die Reihe von „KAGEs fantastischen Mikrowelten" fortführt. ■

Christina und Manfred Kage
Weißenstein im März 2012

Einleitung

Insekten gehören zum Stamm der Gliederfüßer (Arthropoda) und zählen zu den erfolgreichsten Lebewesen der Erde. Fast zwei Drittel aller Tierarten sind Insekten, wobei die Käfer allein mit über einer halben Million Arten die vielfältigste Gruppe darstellen. Wissenschaftler vermuten, dass es noch endlose neue Arten, vor allem in den tropischen Regenwäldern, zu entdecken gibt.

Insekten bevölkern die Erde und sind mit überwältigenden Fähigkeiten ausgestattet. Marienkäfer hat man zum Beispiel noch in fast 5.000 Meter Höhe im Himalaja gefunden, wo einige Arten überwintern. In amerikanischen Wohnhäusern fand man Millionen von Küchenschaben. Termiten können 15 Meter tiefe Tunnel auf der Suche nach Wasser graben, und in einer Wagenladung Erde können sich bis zu 100.000 Springschwänze aufhalten. Manche Insektenlarven entwickeln sich in oder auf anderen Tieren.

Insekten beherrschen fast alle terrestrischen Lebensräume, das Süßwasser und die Luft. Man findet sie im Hochgebirge, in den Wüsten, in heißen Quellen oder eisigen Seen. Lediglich auf hoher See sind sie selten. Doch selbst dort gibt es Wanzenarten, von denen sich einige von Plankton und toten Insekten ernähren, und die ihre Eier auf Treibgut ablegen. Die größte Artenvielfalt findet man jedoch in den Tropen. Man schätzt, dass es rund 2,7 Milliarden Tonnen an Insekten auf der Erde gibt. Das ist das siebenfache Gewicht der gesamten Menschheit.

Insekten sind uns fremd und vertraut zugleich. Viele Menschen schwanken bei ihrer Betrachtung zwischen Angst, Ekel und Faszination. Unser Drang, sie zu töten und als Feinde zu betrachten, führt dazu, dass wir versuchen sie mit allen Mitteln zu bekämpfen. Vor allem mit Insektiziden. Dass dabei auch die natürlichen Fressfeinde gleich mitgetötet werden, nehmen wir in Kauf. Doch die Insekten entwickeln immer mehr Resistenzen, die eine Bekämpfung schwieriger machen. Durch den Eingriff des Menschen wird das gesamte Ökosystem oftmals empfindlich gestört.

Wissenschaftler haben herausgefunden, dass wir Vieles mit den Insekten gemeinsam haben. Zum Beispiel etliche unserer Gene. Auch manche Verhaltensweisen ähneln den unseren. Grabwespen zum Beispiel

▶ **Ritterfalter (Papilio spec.)**
■ Makro, 1-fach

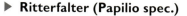

benutzen Werkzeuge, mit denen sie die Erde um das Nest herum festklopfen. Insekten können auch, wie beispielsweise die Bienen, eine „Sprache" verwenden, um sich gegenseitig auf Futterquellen aufmerksam zu machen. Bekannt ist hier der Schwänzeltanz der Bienen. Andere Insekten betreiben eine Art Landwirtschaft. Viele Ameisen- und Termitenarten legen „Gärten" mit Pilzen an, von denen sie sich und ihre Brut ernähren. Wieder andere halten sich Blattläuse – wie Milchkühe – die sie verteidigen und dafür deren Honigtau schlürfen.

Die Ernährungsweise ist sehr vielfältig. Man findet Nahrungsspezialisten ebenso wie Allesfresser. Als Nahrung saugen sie entweder Blut oder nehmen Nektar auf und können so bei der Bestäubung der Blüten helfen. Sie vertilgen Pflanzenteile oder fressen andere Insekten.

Insekten erkennt man an den drei meist deutlich ausgeprägten Körpersegmenten: Kopf, Brust und Hinterleib. Sie besitzen ein Außenskelett aus Chitin und haben ein offenes Kreislaufsystem mit einem dorsalen Herzen, das die so genannte Hämolymphe durch den Körper pumpt. Der notwendige Sauerstoff wird durch ein Tracheensystem direkt zu den Körperzellen gebracht. Die Komplexaugen der Insekten sind kompliziert aufgebaute Organe, die sich aus vielen Einzelaugen zusammensetzen. Die Auflösung kann dabei sehr hoch sein und der Blickwinkel fast 360 Grad betragen. Hauptsächlich wird die Umwelt jedoch durch den Tast- und Geruchssinn erschlossen. Ameisen können beispielsweise Artgenossen mit chemischen Alarmstoffen warnen. Oder es werden Paarungspartner mit bestimmten Duftstoffen angelockt. Reviere können durch körpereigene Laute, die zu hören Menschen meist nicht in der Lage sind, verteidigt werden.

Formen und Farben sind im Insektenreich sehr vielfältig. Oftmals findet man komplizierte Musterungen, die durch verschiedene Farbbereiche auf dem Körper und den Flügeln entstehen.

Die meisten Insekten schlüpfen aus Eiern. Bei parasitischen Insekten können es manchmal bis zu 1.000 und mehr Eier sein. Die Eier unterscheiden sich in Form, Größe und Textur erheblich. Sie werden im Wasser, am Boden oder an Pflanzen abgelegt. Einige Arten tragen die Eier aber auch mit sich herum und es gibt sogar lebend gebärende Insekten wie beispielsweise die Blattläuse oder die Tsetsefliege. Die Eiablage der Käfer und Schmetterlinge richtet sich meist nach den Wirtspflanzen, welche die Raupen fressen. Parasitische Insekten legen ihre Eier in der Nähe des Wirtes, auf oder aber direkt in ihm ab. Manche Eier werden mit einem Reizmittel beträufelt, damit sie vor Feinden geschützt sind.

Die Entwicklung der Larven ist sehr unterschiedlich. Viele Insekten durchlaufen eine komplizierte „vollständige Metamorphose". Aus den Eiern schlüpfen Larven, es folgt die Puppe und schließlich das voll entwickelte Tier (Imago). Bei der „unvollständigen Metamorphose" gibt es nur drei Stadien. Aus den Eiern entwickeln sich Larven, die manchmal auch als Nymphen bezeichnet werden. Sie unterscheiden sich nur durch das Fehlen der Geschlechtsorgane von erwachsenen Tieren. Aus den Nymphen entwickeln sich die Imagines. Die vollständig ausgewachsenen Insekten konzentrieren sich meist auf die Fortpflanzung. Es gibt eine sexuelle und eine asexuelle (parthenogenetische) Fortpflanzung. Bienen- und Ameisenköniginnen zum Beispiel paaren sich meist nur am ersten Tag ihres Lebens mit vielen Männchen. Silberfischchenmännchen formen eine Spermakugel und ziehen mithilfe von Seidenfäden die Weibchen darüber, damit diese die Kugel in ihre Genitalöffnung schieben. Bei der Weibchenzeugung produzieren Weibchen Eier, in denen ihre eigenen Gene immer wieder neu kopiert werden. Dies kann ein Vorteil sein, weil dadurch die Partnersuche, Werbung und Paarung entfällt. Die Weibchen können sich vollständig auf das Fressen und die Eiablage konzentrieren.

Bei einigen Arten gibt es eine ausgeprägte Brutpflege. Dornenrandwanzen legen ihre Eier zwischen den Flügeldecken anderer Artgenossen ab und beschützen so ihre Brut. Einige Schabenarten „säugen" ihre Jungen mit einem Sekret, das diese vom Hinterende ablecken. Ohrwürmermütter säubern täglich ihre Eier, um Parasiten fernzuhalten und bewachen ihre Brut.

Die Lebensdauer der Insekten ist höchst variabel. Manche Arten leben nur Stunden oder Tage, andere jedoch, wie beispielsweise die Raupe eines arktischen Schmetterlings, des Wollspinners Gynaephora rossii, benötigt circa 14 Jahre bis zur Geschlechtsreife.

Mit den Bildern in diesem Buch wollen wir versuchen, eventuelle Ängste vor Insekten durch Neugier und Faszination zu ersetzen, damit wir diese erstaunlichen Lebewesen in Zukunft mit anderen Augen betrachten können. ■

Inhaltsverzeichnis

V	Vorwort / Danksagung	5
	Einleitung	6
	Fossilien	10
	Fliegen	14
	Mücken	24
	Faltenwespen / Hornissenglasflügler	28
	Bienen / Varroa-Milben	32
	Ameisen	36
	Käfer	42
	Bettwanzen	54
	Menschenläuse	56
	Flöhe	58
	Springschwänze	62
	Silberfischchen	64
	Blasenfüße	66
	Feldheuschrecken	68
	Schmetterlinge	70
	Libellen	90
G	Glossar	94
i	Impressum	95

400 000 Fossilien

Fossile Insekten sind seit dem Zeitalter des Devons, das vor circa 400 Millionen Jahren begann, bekannt.

Die Entwicklung des Fliegens war wohl ein entscheidender Faktor für den ungeheuren Überlebenserfolg der Insekten. Libellen und Schmetterlinge gehörten wahrscheinlich zu den ersten flugfähigen Tieren, wie fossile Funde bezeugen.

Man findet Fliegen, Mücken und Motten häufig in bis zu 260 Millionen Jahre altem Bernstein. Einst wurden sie durch den süßlichen Duft des Harzes angelockt und von dessen klebriger Masse umschlossen. Diese entwickelte sich im Laufe der Zeit zu einer festen Substanz, durch welche die Insekten bis heute konserviert wurden.

Baltischer Bernstein ist ein organisches, fossiles Harz, das Succinit genannt wird. Mit großer Wahrscheinlichkeit stammt es von bestimmten Kiefernarten, die auch Bernsteinkiefern genannt werden. Succinit wird hauptsächlich im Tagebau abgebaut, doch findet auch der Wanderer, vor allem an den Stränden der Meere, ab und zu ein einzigartiges Stück Bernstein mit eingeschlossenen Insekten. ■

▶ **Schmetterlingsmücken (Familie Psychodidae)**

Die Schmetterlingsmücken ernähren sich als Larven von Blut und saugen als erwachsene Tiere Pflanzensäfte und Nektar, manche Arten auch Blut. Sie sind an Körper und Flügeln dicht behaart. Heute gibt es circa 1.500 verschiedene Arten, die vorwiegend an Gewässerufern und in lichten, feuchten Wäldern leben.
Hier: Schmetterlingsmücken in circa 40 Millionen Jahre altem baltischen Bernstein. Das untere Tier legte gerade seine Eier, als es eingeschlossen wurde.
■ Makro, 8-fach

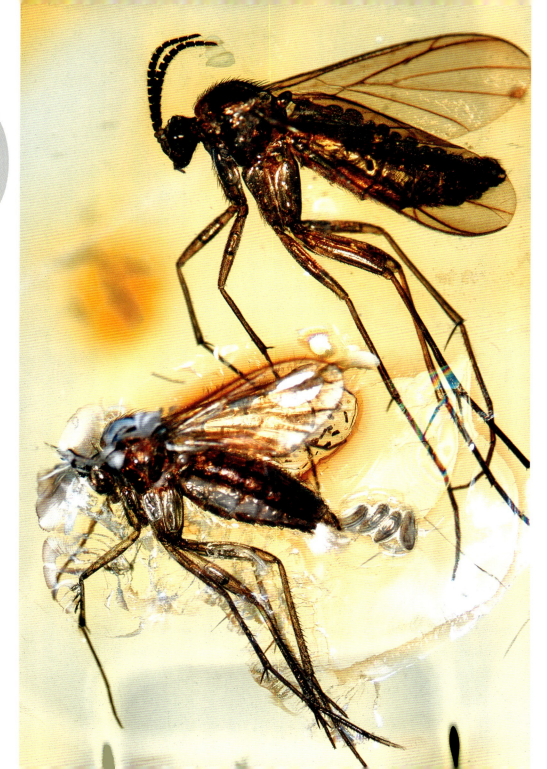

▲ Pilzmücke (Familie Fungivoridae)

Pilzmücken zeichnen sich durch lange, dünne Beine und Fühler aus. Die Larven leben vorwiegend von Pilzen. Durch die Einschlüsse in baltischem Bernstein weiß man, dass diese Tiere bereits in der Kreidezeit weit verbreitet und hoch entwickelt waren. Pilzmücken gehören zu den häufigsten fossilen Zweiflüglern überhaupt. Heute gibt es circa 3.000 verschiedene Arten, die vor allem an schattigen und feuchten Plätzen zu finden sind.
Hier: Pilzmücken in circa 40 Millionen Jahre altem baltischen Bernstein.

■ Makro, 12-fach

◀ Motten

Nicht näher bestimmbare Motten, eingeschlossen in circa 40 Millionen Jahre altem baltischen Bernstein.
■ Makro, 10-fach

◀ **Stubenfliege
(Musca domestica)**

Am vertrautesten von allen Fliegenarten ist uns wohl die große Stubenfliege.

■ Makro, 15-fach

Fliegen (Brachycera)

Fliegen gehören zu den Zweiflüglern (Diptera) und sind uns allen durch ihre große Artenvielfalt gut bekannt. Aristoteles fasste als Erster die zweiflügligen Insekten unter dem Namen „Diptera" zusammen. Linné übernahm diesen Begriff 1758 in sein zoologisches System. Bei allen Zweiflüglern ist das hintere Flügelpaar zu den so genannten Schwingkölbchen umgewandelt. Fliegen besitzen demnach nur zwei echte häutige Flügel.

Fast alle Fliegenarten können hervorragend fliegen und sehen. Die verschieden ausgebildeten Mundwerkzeuge sind entweder Tupfrüssel (Taufliegen), stechend-saugende Mundwerkzeuge (Bremsen) oder Stechorgane (Stechfliegen). Mit ihren sechs behaarten Beinen können sich Fliegen geschickt bewegen und auf allen Unterlagen, auch kopfüber, laufen.

Die meisten Fliegen sind grau oder schwarz, doch kann es durch Pigmenteinlagerungen auch zu anderen Färbungen kommen. Die Metallfärbung bei manchen Fliegen entsteht durch Interferenzerscheinungen, die durch feine Muster der Cuticula (Oberflächenhaut) hervorgerufen werden. Erst das Mikroskop enthüllt die genialen Strukturen dieser Lebewesen.

Die hoch entwickelte Insektengruppe der Fliegen durchläuft fast ausschließlich eine „vollkommene Verwandlung". Aus dem Ei entwickelt sich eine fußlose Larve, dann die unbewegliche Puppe und letztendlich das erwachsene Tier. Nach der Art, wie Fliegen schlüpfen, werden sie in Spaltschlüpfer oder Deckelschlüpfer eingeteilt. Bei der Stubenfliege verpuppt sich die Made in einem Tönnchen, dessen Deckel beim Schlüpfen von dem fertigen Tier mit Hilfe einer Stirnblase gesprengt wird.

Die Familie der Fliegen ist ebenso vielfältig wie ihre Lebensweisen. Einige Familienmitglieder sollen hier genannt werden: Schmeißfliegen, Fleischfliegen, Schwebfliegen, Taufliegen, Raupenfliegen, Jagdfliegen, Tanzfliegen, Dasselfliegen, Tsetsefliegen etc.

Fliegen sind für das Gleichgewicht im Haushalt der Natur unentbehrlich. Sie können aber auch Krankheiten, wie zum Beispiel die Schlafkrankheit, übertragen oder sind uns als Schmarotzer einfach nur lästig. Ihre große Rolle als Nahrung für Vögel, als Bestäuber von Blüten und Vorzügen, die wir noch gar nicht entdeckt haben, sollte uns den schnellen Griff zur Giftspritze verwehren. ■

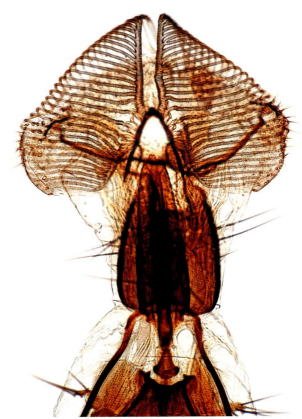

▲ **Stubenfliege (Musca domestica) – Fuß**

Fliegen können sich an fast allen Oberflächen festhalten. Sie nutzen dazu, wie Geckos, Anziehungskräfte, die zwischen den Molekülen der Oberfläche und ihren Füßen entstehen. Die zarten Härchen, mit denen die Füße bedeckt sind, enden in winzigen ovalen Läppchen. Zusätzlich sind die Füße mit zwei Klauen ausgestattet.

■ LM-JL, 50-fach

▲ **Stubenfliege (Musca domestica) – Saugrüssel**

Unter den mit vielen Sinneszellen ausgestatteten Fühlern, die als Tast-, Geruchs-, und Gehörorgan fungieren, befindet sich der Tupfrüssel. Er besteht aus den beiden Lippenpolstern, die aus den Lippentastern hervorspringen. Mit ihnen tupft die Fliege flüssige Nahrung auf. Bei fester Nahrung lässt sie Speichel ausfließen, der die Nahrung verflüssigt.

■ LM-HF, 80-fach

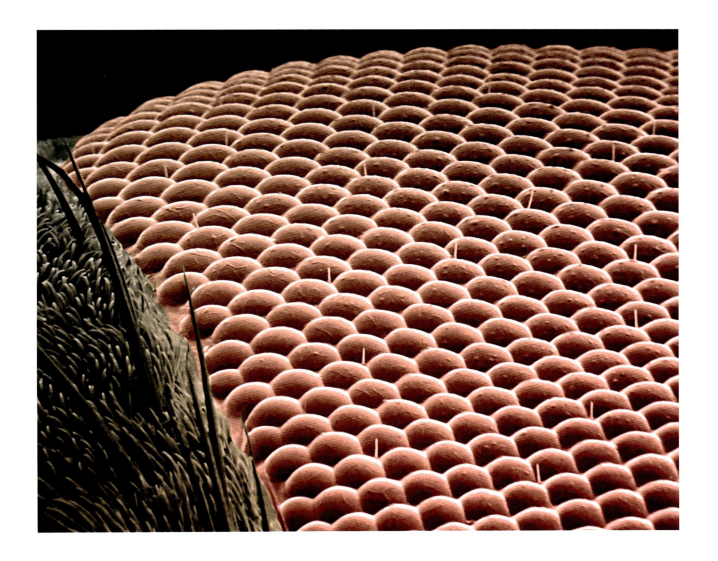

▲ **Stubenfliege (Musca domestica) – Auge**
Große Komplexaugen schauen uns an. Und selbst, wenn wir meinen, noch so schnell zu sein, die Fliege hat längst die Bewegung der Hand erkannt, die sie abwehren soll.
■ REM, 500-fach

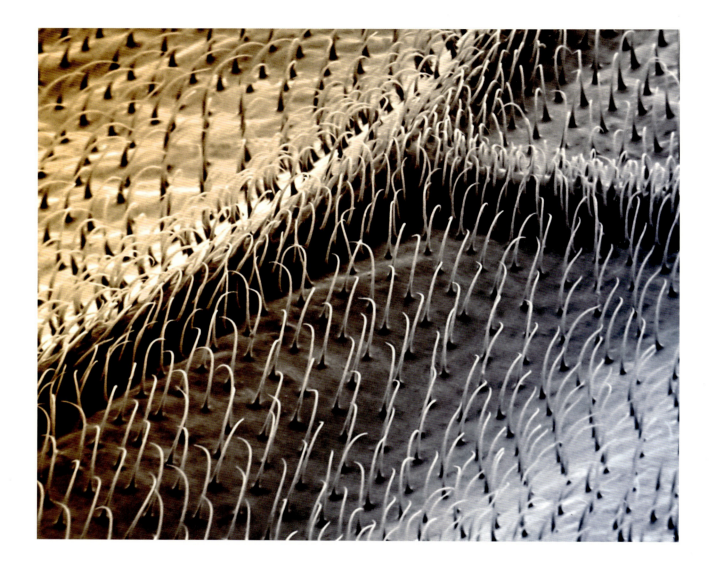

▲ Stubenfliege (Musca domestica) – Flügel

Dem Brustring der Stubenfliege entspringen zwei häutige Flügel, mit denen sie hervorragend und schnell (1,7 Meter pro Sekunde) fliegen kann. Die Flügel schlagen in der Sekunde bis zu 200 Mal. Am dritten Brustring sitzt ein Paar so genannter Schwingkölbchen, mit denen das Gleichgewicht gehalten wird. Entfernt man diese, so verliert die Fliege ihre Orientierung.

■ REM, 240-fach

▲ Raupenfliege (Familie Tachinidae)

Raupenfliegen sind „Raubschmarotzer" in anderen Insekten. Die Eier werden entweder auf die Wirtsinsekten, zum Beispiel die Raupen von Schmetterlingen, gelegt, direkt in das Insekt injiziert, oder sie werden so abgelegt, dass andere Insekten sie mit ihrer Nahrung aufnehmen. Zumeist bedeutet dies letztendlich den Tod des Wirtes.

■ Makro, 30-fach

▲ **Taufliege (Drosophila melanogaster)**

Die Taufliege, auch Frucht- oder Essigfliege genannt, wird als Modelorganismus in der Genetik eingesetzt. Durch die leichte Züchtbarkeit und starke Vermehrung wurde die kleine Fliege weltweit schnell zum „Lieblingstier" der Genetiker und bescherte diesen bis heute unter anderem wesentliche Erkenntnisse über die Anordnung der Gene in den Chromosomen.

■ REM, 80-fach

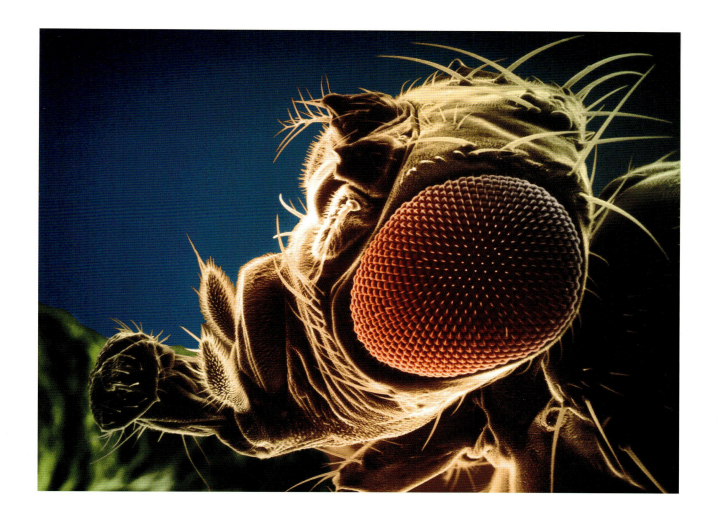

▲ **Taufliege (Drosophila melanogaster) – Kopf**

Die Tiere haben einen ausgeprägten Geruchs- und Tastsinn. Unter den zwei kurzen Antennen liegen kissenartige Ausstülpungen, die ebenso mit Sinneshärchen (Sensillen) bedeckt sind wie die zwei direkt hinter dem Rüssel emporstehenden Geruchsorgane.
■ REM, 160-fach

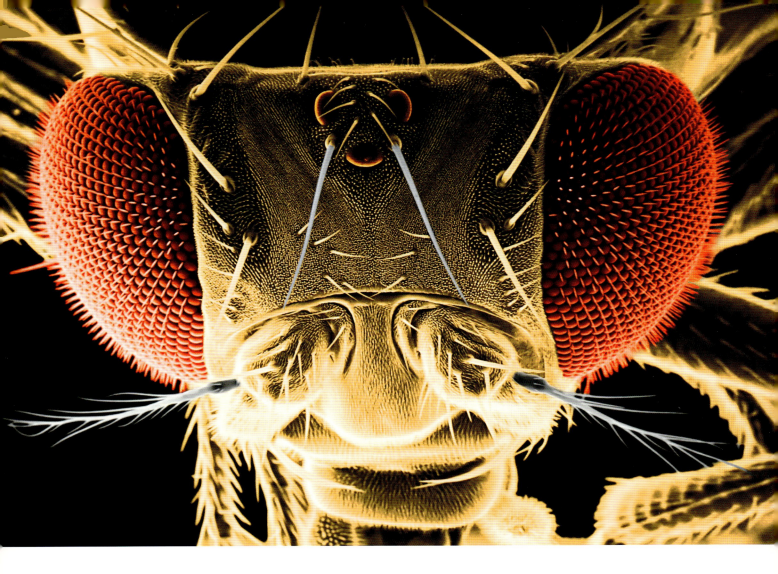

▲ Taufliege (Drosophila melanogaster) – Kopf

Taufliegen werden circa drei Millimeter lang. Auffallend sind ihre hoch entwickelten roten Komplexaugen. Weibliche Taufliegen können bis zu 500 Eier legen, aus denen nach 20 Stunden die Larven schlüpfen. Sie ernähren sich von Bakterien, Hefen und zuckerhaltigen Säften. Zehn Tage nach der Verpuppung schlüpfen die Fliegen. Die Nachkommen eines einzigen Weibchens können in 30 Tagen bis zu 16 Millionen Individuen zählen.

■ REM, 240-fach

▶ **Taufliege
(Drosophila melanogaster)
– Einzelaugen**

Die typisch roten Komplexaugen der Taufliege bestehen aus circa 800 Ommatiden (Einzelaugen), die je mit einer Sinnesborste versehen sind. Diese wiederum ist mit Neuronen vernetzt, die jede Bewegung der Borste ins Gehirn weiterleiten und dem Tier so exakte Flugmanöver erlauben.
■ REM, 2.000-fach

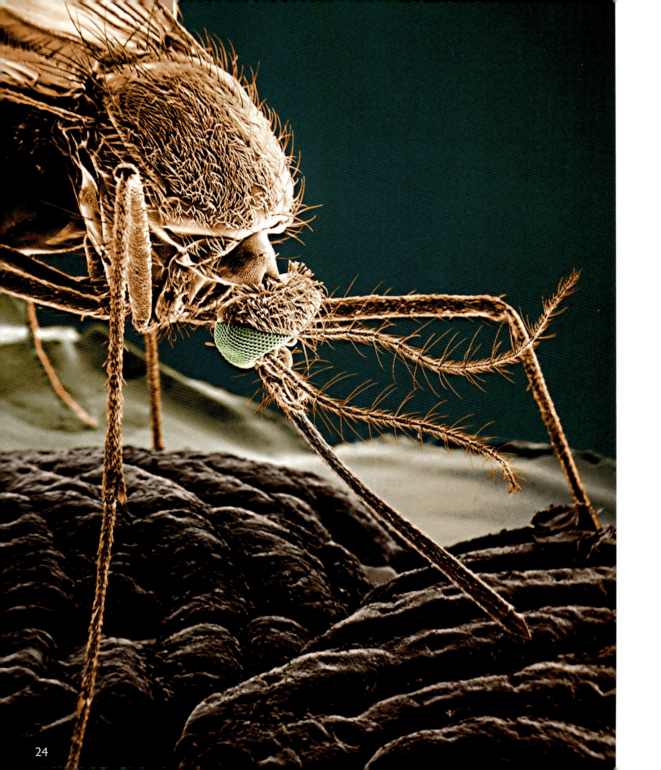

◀ **Stechmücke (Culex pipiens)**
Dieses weibliche Tier ist im Begriff, mit seinem Stechrüssel in eine Pore der menschlichen Haut zu stechen.
■ REM, 26-fach

Mücken (Nematocera)

Die Mücken gehören, wie die Fliegen, zu den Zweiflüglern (Diptera). Weltweit gibt es ungefähr 2.500 Stechmückenarten (Culicidae). Allein in Europa sind circa 100 Arten dieser Mücken bekannt. Nur die Weibchen saugen Blut, dessen Proteine für die Produktion ihrer Eier, die ab dem Frühjahr meist in stehenden Gewässern abgelegt werden, lebenswichtig sind. Der Stich löst eine allergische Reaktion aus und juckt meist stark. Anopheles-Mücken sind Überträger der Malaria, und man versucht – meist vergeblich – sich ihrer zu erwehren.

Mücken können je nach den Wetterverhältnissen bis zu 2,5 Kilometer pro Stunde fliegen. Bei schlechtem Wetter bleiben sie in Bodennähe und stellen bei Frost ihre Flugtätigkeit ein. Die Männchen, die man an den büschelig befiederten Antennen erkennt, sterben bereits im Herbst ab. Nur die Weibchen mancher Arten überwintern an geschützten Stellen.

Fast ein jeder hat schon einmal in den Abendstunden tanzende Mückenschwärme gesehen. Es sind die Männchen, die über erhöhten Punkten der Landschaft tanzen. Alle mit dem Kopf in der gleichen Richtung – wie eine Wetterfahne – gegen den Wind. Manchmal tanzt in tieferen Regionen ein anderer Schwarm von größeren Tieren. Dies sind die Weibchen. Von Zeit zu Zeit fliegt eines hoch in den Männchenschwarm, wird von einem solchen gepackt und sinkt nach einem kurzen Durcheinander mit ihm zu Boden. Wie aber kann ein Männchen in einem großen Schwarm männlicher Tiere ein Weibchen überhaupt orten? Die Männchen hören den Flugton des Weibchens. Dieser lässt die Fühler des Männchens in gleicher Tonhöhe mitschwingen. Auf die Töne der männlichen Mitstreiter dagegen reagieren die Männchen nicht. Die Erregung der Sinneszellen ruft beim Männchen eine Abfolge von Handlungen hervor, die zur Paarung nötig sind. Die Eiablage und die Verwandlung von der Larve zur beweglichen Puppe bis zum Schlupf des Vollinsekts ist ein wunderbarer Vorgang, den jeder selbst einmal mit einem Mikroskop beobachtet haben sollte.

Der ökologische Nutzen der Mücken ist letztendlich noch nicht erforscht. Aber man weiß, dass zum Beispiel ihre Eier und Larven in der Nahrungskette der Gewässer eine bedeutende Rolle spielen. Dies gilt auch für die Bestäubung von Pflanzen in bienenarmen Gebieten. ■

▲ **Gemeine Stechmücke (Culex pipiens) – Stechrüssel**

Stechrüssel des Weibchens auf menschlicher Haut. Im Stechrüssel sind die filigranen Stechborsten verborgen, die beim Stich in die Haut eindringen und ganz gezielt eine Blut-Kapillare anzapfen.
■ REM, 100-fach

▲ Kriebelmücke (Simulium spec.)

Diese Mücken sind klein und werden nur bis zu vier Millimeter lang. Lediglich die Weibchen saugen Blut. Bei einem Massenbefall, wie 1923 am Donaudurchbruch in Serbien geschehen, starben durch die giftigen Stiche der „kolumbatschenser Fliege" 20.000 Weidetiere. In Mitteleuropa haben wir weniger unter diesen Mücken zu leiden als in der sibirischen Taiga oder den tropischen Urwaldgebieten Amerikas und Afrikas, wo sie zudem einen Fadenwurm übertragen, den Erreger der Flussblindheit (Onchozerkose). Die Larven der Kriebelmücken entwickeln sich ausschließlich in schnellfließendem Wasser. Sie filtern ihre Nahrung aus dem Wasser und besitzen Spinndrüsen, mit denen sie „Netze" spinnen um sich in der Strömung mit diesen zu verankern.

■ REM, 40-fach

Faltenwespen (Vespidae)

Wespen sind äußerst nützlich, auch wenn sie uns manchmal lästig fallen können. Sie vertilgen Unmengen an Fliegen und anderen Insekten.

Wespen bauen ihre Nester, die bis zu einem halben Meter im Durchmesser erreichen können, in verlassene Mäusegänge und andere unterirdische Höhlen, aber auch an verborgenen Stellen in Mauerwerk und Dachböden. Ein Nest kann aus bis zu einigen 1.000 Tieren bestehen. Die Weibchen, deren Paarung bereits im Herbst stattgefunden hat, verbringen den Winter völlig erstarrt in einem Schlupfwinkel und kommen erst bei wärmeren Temperaturen wieder hervor, um auf Nahrungssuche zu gehen und einen Nistplatz auszusuchen. Baumaterial erhalten Wespen zum Beispiel von altem Holz, das sie mit ihrem Speichel vermengen und mit dessen papierartiger Masse sie dann ihre kunstvollen Nester bauen. Die Königin beginnt schon nach dem Bau von wenigen Zellen Eier zu legen. Die daraus schlüpfenden Arbeiterinnen helfen beim Weiterbau des Nestes. Die Larven werden mit einem Brei aus tierischer Nahrung gefüttert.

Wespen besitzen einen Stachel und verwenden ein Gift, das sich aus Serotonin, Histamin und Acetylcholin zusammensetzt. Der Stich kann für uns Menschen sehr schmerzhaft sein, doch nur bei einer allergischen Reaktion oder einem Stich in die Zunge besteht echte Lebensgefahr. ■

◀ **Deutsche Wespe (Vespula germanica)**
■ Makro, 20-fach

◀ **Deutsche Wespe (Vespula germanica) – Stachel**

Im Gegensatz zu einer Biene stirbt die Wespe nicht, wenn sie einen Menschen gestochen hat.

■ REM, 70-fach

▲ Hornissenglasflügler (Sesia apiformis)

Dieser harmlose Schmetterling, auch Hornissenschwärmer genannt, imitiert eine Hornisse („Mimikry"). Er wird ungefähr 30 Millimeter lang. Auch das laute Brummen trägt zur Abschreckung von Feinden bei. Die weiblichen Tiere können bis zu 1.800 Eier legen. Die Larven entwickeln sich in Pflanzenstängeln, in Wurzeln oder in den unteren Stammbereichen von Bäumen. Nach einer zweimaligen Überwinterung verpuppen sich die Larven und haben sich im dritten Frühjahr zum erwachsenen Tier entwickelt. Als Schädlinge können die Raupen von Hornissenschwärmern dann auftreten, wenn sie vorzugsweise Pappeln in Massen befallen und durch ihre Bohrgänge das Holz zerstören.

■ Makro, 12-fach

Bienen (Apoidea)

Hinsichtlich ihrer Artenzahl und Bedeutung für den Menschen gehören Bienen zu den wichtigsten Insektengruppen überhaupt. Bisher sind uns über 20.000 Bienenarten weltweit bekannt. Honigbienen leben in einem Gemeinschaftsbau, dem Stock, und pflegen ein ausgeprägtes Sozialleben. Das Volk besteht aus dreierlei Kasten, die ohne einander nicht existieren könnten. Es gibt bis zu 50.000 Arbeiterinnen, die zur Verteidigung mit einem Stachel versehen sind, hunderte von männlichen Drohnen und nur eine Königin.

Die Königin wird im Frühjahr während eines Hochzeitsfluges von mehreren Männchen begattet und ist fortan das einzige weibliche Tier, das Eier legt. Täglich können es bis zu 2.000 Eier sein. Diese enorme Leistung verlangt die unentwegte Pflege durch „Hofdamen". Arbeiterinnen bauen Waben aus Wachs, pflegen die Brut, sammeln Vorräte und verteidigen den Stock.

Bienen ernähren sich ausschließlich pflanzlich. Für den Winter wird Honig gespeichert. Dies kann ein Kilogramm pro Tag sein. Tänze ermöglichen es den Arbeiterinnen ihren Artgenossen den genauen Ort der Futterquelle, seine Ergiebigkeit, Qualität und den Winkel zur Sonne anzuzeigen. Bienen gehören zu den wichtigsten Blütenbestäubern. Bei ihrer Futtersuche bleiben Pollen in ihrem dichten Haarkleid hängen und werden so von Blüte zu Blüte getragen. Die gut entwickelten Facettenaugen helfen beim Auffinden der Blüten.

Wird ein Stock zu groß, legt die Königin befruchtete Eier, aus denen wieder Königinnen schlüpfen. Nur eine von diesen übernimmt den Teil des Volkes, der nach dem Auszug der alten Königin übrig bleibt. Diese ist mit ungefähr der Hälfte des Volkes in einem Schwarm ausgezogen.

Den Winter überstehen die Bienen in der so genannten „Wintertraube" mit der Königin in der Mitte. Durch Flügelschlagen und Schütteln des Hinterleibes kontrollieren sie die Temperatur im Stock.

In früheren Zeiten war Honig die einzige Süßstoffquelle — und Grundlage für berauschenden Met. Schon die alten Ägypter betrieben die Kunst der Imkerei, um an diesen kostbaren Stoff zu gelangen. ■

▶ **Honigbiene (Apis mellifera)**

Honigbiene auf mit Honig gefüllten Waben. Auf dem Rücken erkennt man drei Varroa-Milben.

■ Makro, 10-fach

◀ **Honigbiene (Apis mellifera)**

Verschiedene Puppenstadien der Honigbiene, die in ihren „Puppenbettchen" von Varroa-Milben befallen sind.

■ Makro, 10-fach

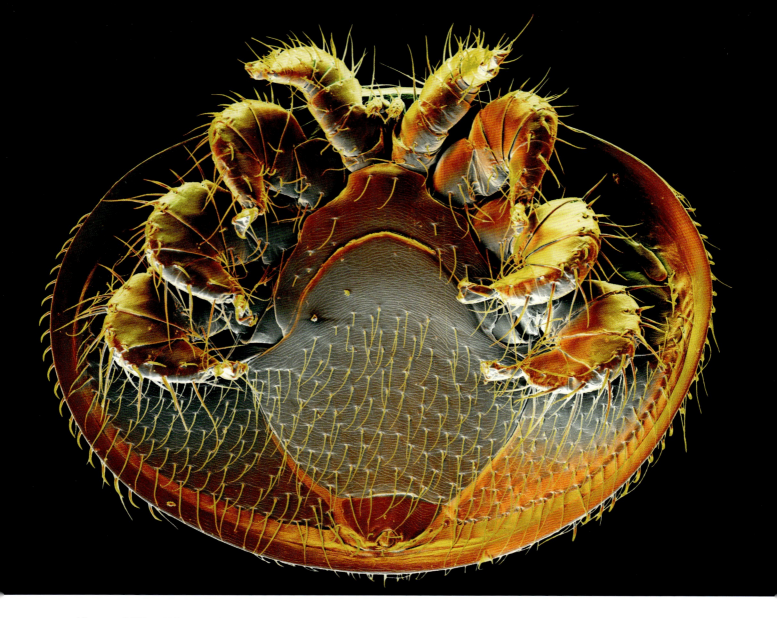

▲ **Varroa-Milbe (Varroa destructor) – Unterseite**

Die Varroa-Milbe kommt ursprünglich aus Ostasien und wird circa 1,6 Millimeter groß. Sie hat sich inzwischen massenhaft verbreitet, befällt und schwächt unsere Honigbienen und verursacht oft ein millionenhaftes Sterben der Bienenvölker. Die Konsequenzen sind unübersehbar, da zusätzlich auch Pestizide den Bienen zusetzen.

▪ REM, 200-fach

meisen (Formicidae)

Weltweit gibt es ungefähr 20.000 Ameisenarten. Sie können mehrjährige Staaten bilden, in denen es eine Königin gibt, viele Männchen, die für die Paarung notwendig sind, Heerscharen von flügellosen Arbeiterinnen und häufig so genannte „Soldaten", die mit kräftigen Beißwerkzeugen ausgestattet sind.

Die Lebens- und Ernährungsweisen der verschiedenen Arten sind faszinierend. Die einen jagen oder sammeln Nahrung, andere kultivieren Gärten und züchten Pilze. Und es existieren Arten, die Arbeiter anderer Arten „versklaven" oder in deren Staaten einwandern und dort die eigenen Nachkommen aufziehen lassen. Eine der bekanntesten Verbindungen besteht wohl zwischen Blattläusen und Ameisen, die den Honigtau der Läuse sehr schätzen und diese dafür vor Fressfeinden beschützen. Bei dem gemeinsamen Beutefang ziehen meist alle Ameisen an einem Strang. Sie kommunizieren dabei überwiegend durch chemische Duftstoffe, die ihre Wege markieren, durch das gegenseitige Berühren der Fühler und sogar durch Ultraschallwellen, die ihnen auch bei der Orientierung im Gelände helfen.

Für Angriff und Verteidigung verfügen Ameisen über einen kräftigen Kiefer und viele Arten auch über einen Giftstachel oder Giftdrüsen. Die Rote Waldameise beispielsweise besitzt keinen Giftstachel. Sie verbeißt sich in den Feind, krümmt den Hinterleib, spritzt Ameisensäure in die Wunde oder verspritzt kleine Säure-Fontänen. ■

◀ **Ameise (Familie Formicidae)**
■ REM, 12-fach

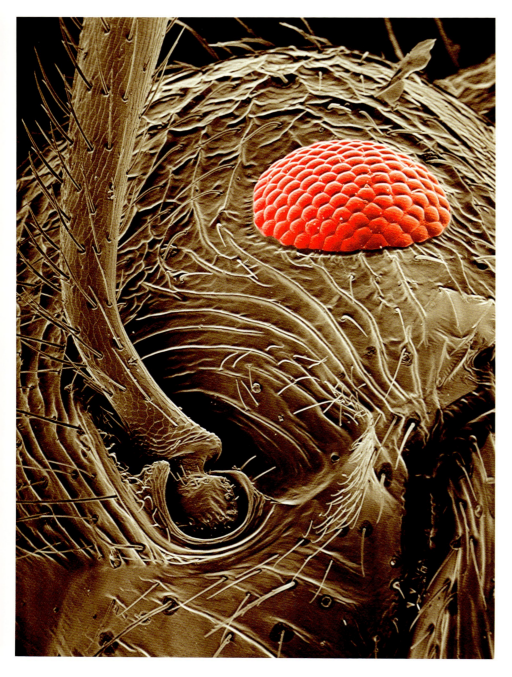

◀ **Ameise (Familie Formicidae)**
Kopf mit Tasthaaren, einem Fühler mit Gelenk und einem Komplexauge.
■ REM, 190-fach

▲ Blattschneiderameise (Atta spec.)

Blattschneiderameisen aus Amerika ernten Blattstückchen, tragen diese in ihren Bau und stellen daraus einen Nahrungsbrei her, den sie mit Pilzen beimpfen. Bald entwickelt sich ein ganzes Pilzmycel, von dem sich die Tiere ernähren. Die Symbiose zwischen Pilz und Ameise ist so eng, dass beide nicht ohne einander existieren könnten. Eine Kolonie kann aus mehreren Millionen Tieren bestehen. Die oftmals langen Prozessionen der Tierchen, die die Blattstückchen wie kleine Segel über sich tragen, sehen faszinierend aus.

■ REM, 20-fach

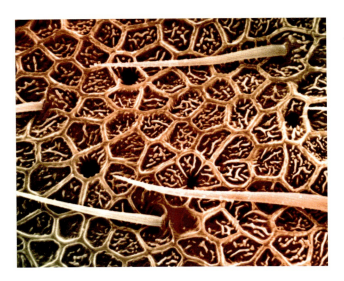

◀ **Blattschneiderameise (Atta spec.) – Hautoberfläche**

Man hat herausgefunden, dass Blattscheiderameisen mit bestimmten Bakterien in enger Symbiose leben und diese sogar mit einem von Drüsen produzierten Sekret ernähren. Die Bakterien, die als weißlicher Belag auf dem Körper zu sehen sind, entwickeln eine Art Antibiotikum, welches das Wachstum fremder Pilze in den eigenen Pilzgärten eindämmt.

■ REM, 800-fach

▶ **Blattschneiderameise (Atta spec.) – Fuß**

Zwischen den beiden Klauen der Füße befindet sich ein Haftapparat, der selbst für glatte Flächen hervorragend geeignet ist.

■ REM, 130-fach

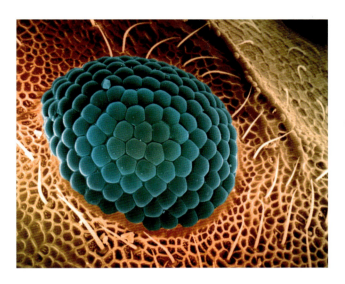

◀ **Blattschneiderameise (Atta spec.) – Auge**
Die Komplexaugen bestehen aus nur wenigen Einzelaugen, mit denen die Ameise wohl nicht sehr gut sehen kann. Die Orientierung erfolgt daher eher über chemische Reize.
- REM, 270-fach

▶ **Blattschneiderameise (Atta spec.) – Hinterleib**
Der Hinterleib der Blattschneiderameise ist mit Drüsen und Tasthaaren versehen.
- REM, 90-fach

Käfer (Coleoptera)

Fast die Hälfte aller Insekten sind Käfer. Wichtigstes Hauptmerkmal sind die harten Flügeldecken. Die Formen- und Farbenvielfalt der Käfer ist überwältigend. Es gibt Arten, die durch einen komplexen Vorgang innerhalb von Minuten ihre Farbe wechseln können. Inzwischen wurden mehr als 350.000 Käfer-Arten weltweit beschrieben. Zu den größten Exemplaren zählen die Goliathkäfer, welche in Afrika heimisch sind.

Bis auf die Ozeane besiedeln Käfer fast alle Lebensräume, auch das Süßwasser.

Die Ernährungsweise ist ebenso vielfältig wie ihr Aussehen. Sie ernähren sich pflanzlich oder tierisch, aber auch Kot und Aas verschmähen Käfer nicht. Es gibt sogar Arten, die als „Gäste" in Ameisenbauten leben und dort gehegt und gepflegt werden. Die Ameisen schlecken dafür die Ausscheidungen von Käfer und Larve auf. Im Laufe der Evolution haben Käfer differenzierte Strategien zu ihrer Verteidigung oder Paarung entwickelt. Dazu gehören spezielle Färbungen, mechanische oder chemische Mechanismen und sogar eine Art Biolumineszens, ein körpereigenes Leuchten.

Die Fortpflanzung ist fast durchweg geschlechtlich und die Weibchen legen befruchtete Eier. Meist findet eine „vollkommene Verwandlung" statt: Aus den Eiern schlüpfen bebeinte Larven („Engerlinge"), die sich verpuppen und als voll entwickeltes wunderbares Tier erscheinen. ■

▶ **Lederlaufkäfer
(Carabus coriacaeus)**

Unser größter Laufkäfer ist circa 30 bis 40 Millimeter lang. Er ist nachtaktiv, flugunfähig und gibt bei Gefahr eine übelriechende Substanz ab. Die Tiere bevorzugen Laub- oder Nadelwälder und stehen unter Naturschutz.
■ Makro, 5-fach

▲ Kartoffelkäfer (Leptinotarsa decemlineata)

Dieser Käfer, auch „Zehnstreifen-Leichtfuß" genannt, gehört zur Familie der Blattkäfer. Die weiblichen Kartoffelkäfer legen bis zu 2.500 Eier an Blattunterseiten von Nachtschattengewächsen wie beispielsweise der Kartoffel.

■ Makro, 4-fach

▲ Borkenkäfer (Familie Scolytidae)

Manche Borkenkäferweibchen legen lange Larvengänge an, deren Wände sie mit Pilzgärten ausstatten. Die Pilzköpfchen sind die Nahrung der Larven. Zudem bewachen die Tiere ihre Brut. In Monokulturen von Wäldern können Borkenkäfer große Schäden bewirken.
■ REM, 30-fach

◀ **Marienkäfer – Siebenpunkt (Coccinella septempunctata)**

Die Tierchen wurden bereits vor 20.000 Jahren verehrt, wie man aus einem Elfenbeinfund aus Frankreich schließen kann. Als Nützlinge sind sie äußerst beliebt, da schon die Larven Blatt- und Schildläuse in großer Menge vertilgen. Bei Gefahr stellen sie sich tot und ziehen die Beinchen ein.

Hier sehen wir drei Marienkäfer beim Vertilgen von Blattläusen und auf der Jagd. ◀▼▼

■ Makro, 15-fach

▶ ▲ Maikäfer
(Melolontha melolontha)

Maikäfer gehören zur Familie der Blatthornkäfer. Vom Ei bis zum jungen Käfer benötigen sie circa vier Jahre. Ihr Käferleben dauert jedoch nur einige Tage oder Wochen. Durch Insektenvernichtungsmittel wurden diese faszinierenden Tiere mancherorts fast ausgerottet.

■ Makro, 7-fach / ▲ 3-fach

◀ **Maikäfer (Melolontha melolontha) – Fühler**

Leicht zu unterscheiden sind Maikäfer an ihren Fühlern. Die Weibchen besitzen nur sechs Blätter, die mit kräftigen Sinnesborsten bestückt sind.
■ LM-HF, 40-fach

▲▶ Maikäfer (Melolontha melolontha) – Männchen

Die männlichen Maikäfer besitzen sieben Fühlerblätter, die mit bis zu 20.000 Geruchsorganen zum Auffinden der Weibchen besetzt sind. Die stark gewölbten Facettenaugen helfen ihnen bei der Orientierung im Gelände.

■ REM, 20-fach / ▶ Makro, 5-fach

▲ Juwelenrüsselkäfer (Curculio imperialis)

Dieser aus Brasilien stammende Käfer besitzt wie Edelsteine schimmernde Schuppen, die in regelmäßigen Vertiefungen der Deckschilde angeordnet sind.
■ Makro, 10-fach

▶ **Juwelenrüsselkäfer (Curculio imperialis)
– Schuppen**

Unzählige Grübchen mit Schuppen aus Chitin bedecken die Flügeldecken. Die Anordnung der Schuppen in Grübchen verhindert, dass diese abgestreift werden können.

■ LM-AL-DF, 60-fach

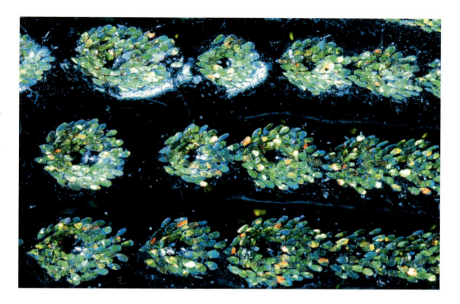

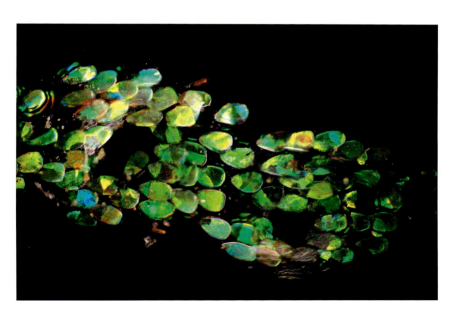

◀ **Juwelenrüsselkäfer (Curculio imperialis)
– Schuppen**

Kürzlich hat man herausgefunden, dass in den Schuppen Kristallperlen sitzen, die Diamanten ähneln, und dass jede einzelne Schuppe jeweils andere Wellenlängen und Winkel des Lichtes einfängt.

■ LM-AL-DF, 120-fach

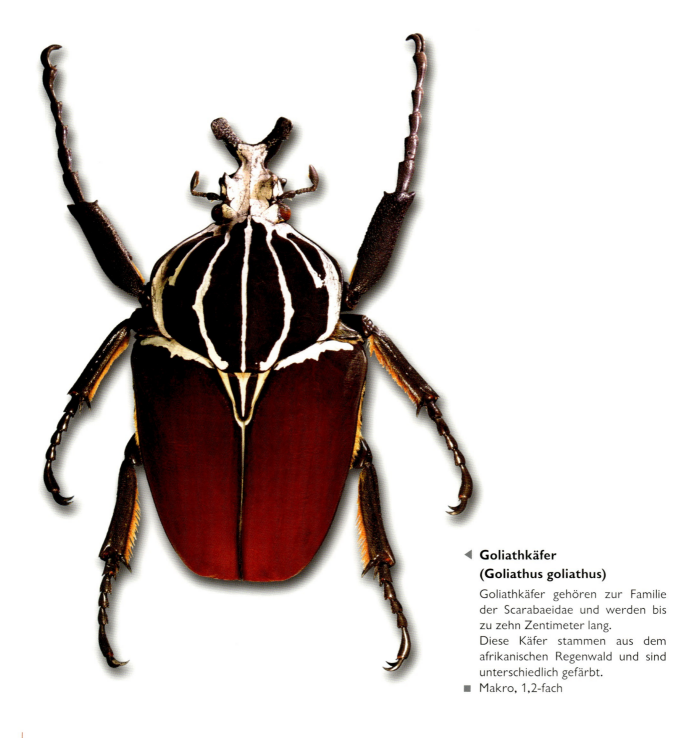

◀ **Goliathkäfer
(Goliathus goliathus)**

Goliathkäfer gehören zur Familie der Scarabaeidae und werden bis zu zehn Zentimeter lang.
Diese Käfer stammen aus dem afrikanischen Regenwald und sind unterschiedlich gefärbt.
■ Makro, 1,2-fach

◄ **Goliathkäfer
(Goliathus goliathus)**

Goliathkäfer sind nachtaktiv und ernähren sich von Baumsäften. Die Larven leben von Totholz.
■ Makro, 1-fach

▶ **Bettwanze (Familie Cimicidae)**
■ REM, 50-fach

Bettwanzen (Cimicidae)

Diese flügellosen Insekten ernähren sich vom Blut der Säugetiere und Vögel. Die jugendlichen und erwachsenen Wanzen stechen nachts ihre Opfer. Die Stiche führen zu stark juckenden Quaddeln. Wenn nötig, können die Tiere bis zu einem halben Jahr hungern. Um das Blut zu verdauen, beherbergen Bettwanzen symbiotische Bakterien in ihrem Darm. Die weiblichen Tiere legen mehrere hundert Eier und können sich somit rasch ausbreiten. ■

▼ **Bettwanze (Familie Cimicidae) – Bein mit Kralle und Sinneshaaren**
■ REM, 300-fach

▼ **Bettwanze (Familie Cimicidae) – Kopfunterseite mit eingeklapptem Stechrüssel**
■ REM, 50-fach

Menschenläuse (Pediculidae)

Läuse sind Parasiten und es gibt sie bereits seit über 40 Millionen Jahren. Filz- und Kopflaus haben sich beispielsweise vollständig auf den Menschen spezialisiert. Entfernt man Filzläuse, so sind diese spätestens nach 24 Stunden tot. Sie lieben Achsel- und Schamhaare, an denen auch ihre Eier, die Nissen, verankert werden. Die Stiche sind schmerzhaft und jucken heftig. Von den Franzosen werden sie dennoch liebevoll „papillon d'amour" genannt. ■

▶ **Filzlaus (Phthirus pubis) – Krallen**
Die kräftig gebauten Klammerkrallen der Filzläuse eignen sich hervorragend, um sich an den einzelnen Haaren des Wirtes festzuhalten.
■ LM-DIC, 70-fach

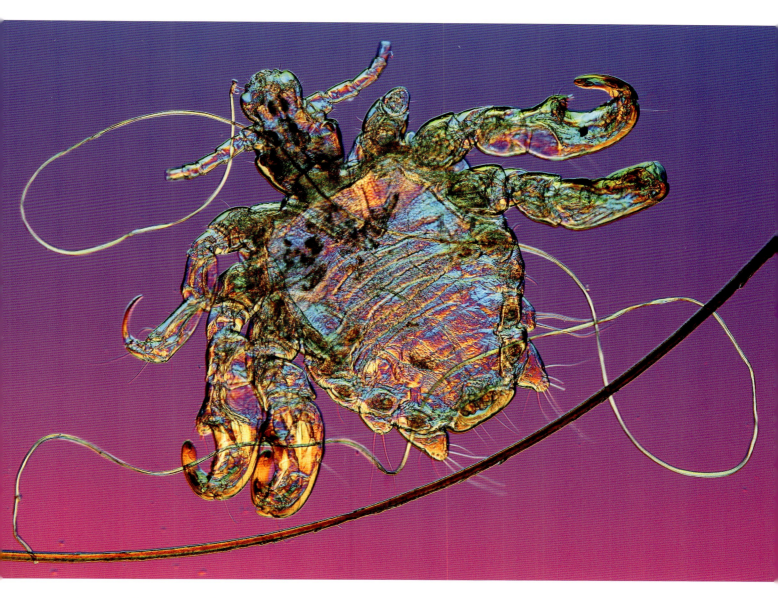

▲ **Filzlaus (Phthirus pubis)**

Im unteren Bereich sieht man ein menschliches Haar. Umschlungen wird die Laus von einem Gewebefaden.

■ LM-JL, 60-fach

Flöhe (Siphonaptera)

Wohl erst mit dem Einzug des Menschen in Höhlen und Hütten und der Haltung von Haustieren befiel der Floh auch den Menschen. Dieser verschleppte ihn über den gesamten Erdball. Ursprüngliche Wirte der Flöhe sind Säugetiere und Vögel. Die für Menschen interessanten Arten sind der Menschenfloh, der Hühner-, Hunde- und Katzenfloh. Flöhe besitzen stechend-saugende Mundwerkzeuge, mit denen sie das Blut der Wirte aufnehmen. Die Stiche können sehr schmerzhaft sein und Allergien hervorrufen. Die Hinterbeine sind mit zwei kräftigen Sprungbeinen ausgestattet und die Füße mit Klauen versehen. Ein fester Panzer schützt den Körper.

Berühmt geworden sind Flöhe auch durch die „Flohzirkusse", in denen die etwas größeren Weibchen der Menschenflöhe, verbunden mit hauchdünnen Golddrähten, winzige Wagen ziehen, Tänze aufführen und viele andere Kunststücke zeigen. Der „Flohzirkusdirektor" belohnte seine Darsteller anschließend mit seinem eigenen Blut. ■

◀ **Igelfloh (Archaeopsylla erinacei) – Unterseite mit Kopfpartie**
■ REM, 40-fach

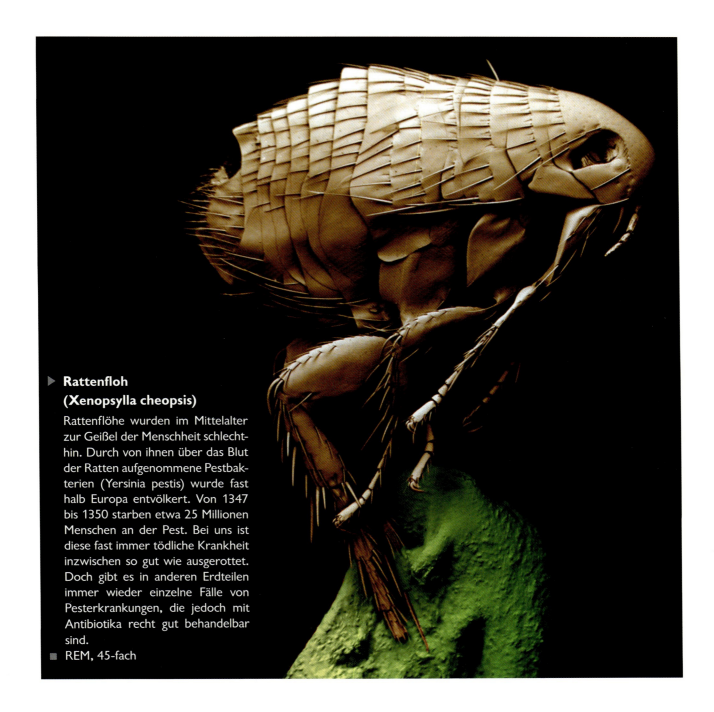

▶ **Rattenfloh**
(Xenopsylla cheopsis)

Rattenflöhe wurden im Mittelalter zur Geißel der Menschheit schlechthin. Durch von ihnen über das Blut der Ratten aufgenommene Pestbakterien (Yersinia pestis) wurde fast halb Europa entvölkert. Von 1347 bis 1350 starben etwa 25 Millionen Menschen an der Pest. Bei uns ist diese fast immer tödliche Krankheit inzwischen so gut wie ausgerottet. Doch gibt es in anderen Erdteilen immer wieder einzelne Fälle von Pesterkrankungen, die jedoch mit Antibiotika recht gut behandelbar sind.
■ REM, 45-fach

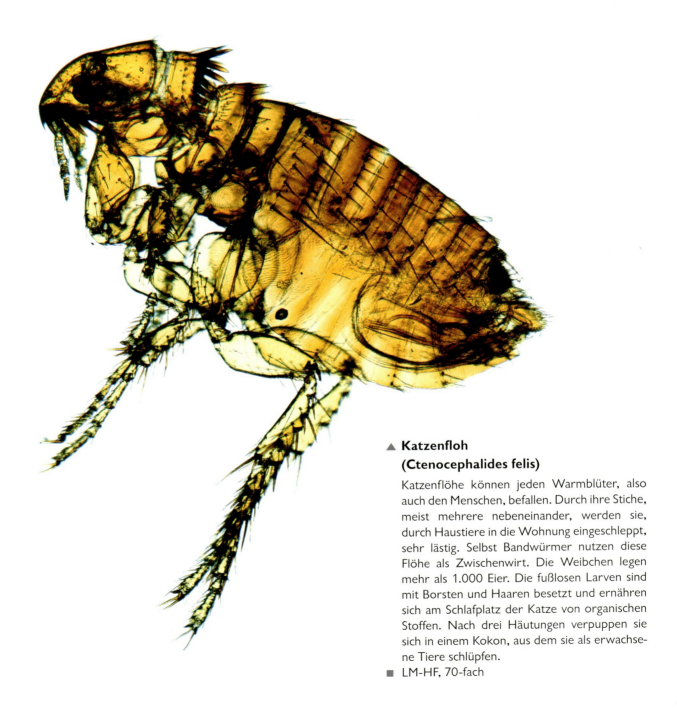

▲ **Katzenfloh
(Ctenocephalides felis)**

Katzenflöhe können jeden Warmblüter, also auch den Menschen, befallen. Durch ihre Stiche, meist mehrere nebeneinander, werden sie, durch Haustiere in die Wohnung eingeschleppt, sehr lästig. Selbst Bandwürmer nutzen diese Flöhe als Zwischenwirt. Die Weibchen legen mehr als 1.000 Eier. Die fußlosen Larven sind mit Borsten und Haaren besetzt und ernähren sich am Schlafplatz der Katze von organischen Stoffen. Nach drei Häutungen verpuppen sie sich in einem Kokon, aus dem sie als erwachsene Tiere schlüpfen.
■ LM-HF, 70-fach

◀ **Igelfloh**
(Archaeopsylla erinacei)

Der Hauptwirt dieses Flohs ist der Igel. Saugt der Igelfloh zum Beispiel am Menschen, kann er sich nicht mehr fortpflanzen. Durch seine Stiche können Infektionskrankheiten ausgelöst werden. Die Männchen werden bis zu 2,5 Millimeter groß, die Weibchen sind etwas größer und legen bis zu 500 Eier. Die Larven saugen kein Blut, sondern ernähren sich von Kotpartikeln mit Blutresten der adulten Flöhe, Haaren und Schuppen.

■ REM, 55-fach

Springschwänze (Collembola)

Springschwänze sind weltweit verbreitet und gehören zu den ursprünglichsten Insekten der Erde. Zum Überleben benötigen sie Feuchtigkeit. Wir finden sie in Böden, Teichen, Gletschern, am Meeresstrand, aber auch in Vogel-, Ameisen- und Termitennestern. Durch ihre Ernährungsweise tragen Springschwänze wesentlich zur Humusbildung bei. Um Feinden zu entkommen, besitzen sie eine so genannte Sprunggabel unter dem Hinterleib, mit der sie sich durch weite Sprünge retten können. ■

▶ **Springschwanz (Ordnung Collembola)**
■ REM, 31-fach

▲ **Springschwanz (Ordnung Collembola)**

Der Körper der Springschwänze ist stark behaart, manche Tiere tragen zusätzlich ein Schuppenkleid. Die Antennen sind mit Borsten und Sinneshaaren besetzt. Die Komplexaugen bestehen maximal aus acht einfachen Einzelaugen. Manche Tiere besitzen gar keine Augen. Die meist kauenden Mundteile liegen tief in der Kopfkapsel verborgen.

■ LM-DF, 80-fach

▶ **Silberfischchen (Lepisma saccharina) – Kopf**
Kopf mit Schuppen und Sinneshaaren. Diese Art besitzt Komplexaugen, die jedoch nur aus wenigen Einzelaugen bestehen.
■ REM, 100-fach

Silberfischchen (Lepismatidae)

Diese flügel- und meist auch augenlosen Tiere gehören zu den Ur-Insekten und sind älter als die geflügelten Insekten der Steinkohlenzeit. Die flinken, etwa einen Zentimeter langen Tierchen, sind wohl jedem bekannt, da sie sich an feuchten Stellen in fast allen Häusern finden. Sie sind nachtaktiv und ernähren sich vorwiegend von Algen, Pilzen, Detritus und gelegentlich auch von Papier. Das Paarungsverhalten ist höchst interessant. Das Paar betrillert sich mit den Fühlern, dann spinnt das Männchen blitzschnell einige Fäden und legt darunter eine Samenkapsel ab, die das Weibchen mit seinem Eilegegriffel auftupft. ■

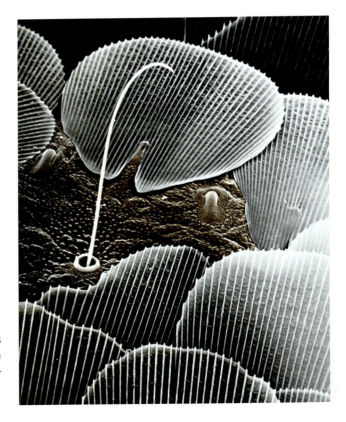

▶ **Silberfischchen (Lepisma saccharina) – Schuppen / Haut**
Die Haut dieser Tiere ist mit Schuppen besetzt, die das Licht silbrig reflektieren. Zwischen den Schuppen stehen Borsten, die als Sinnesorgane fungieren und Feinde abschrecken sollen.
■ REM, 4.300-fach

Blasenfüße (Thysanoptera)

Die winzigen Tiere sind auch unter dem Namen Fransenflügler, Thripse oder Gewitterfliegen bekannt. Der Name Blasenfuß stammt von den blasenartigen Auftreibungen einiger Glieder ihrer Füße, mit denen sie sich fast überall festhalten können. Blasenfüße besitzen stechend-saugende Mundwerkzeuge und ernähren sich vorwiegend von pflanzlichen Stoffen. Die Komplexaugen sind mehr oder weniger gut entwickelt, wobei die Anzahl der Einzelaugen stark variieren kann. Viele Arten der Blasenfüße gehören zu den Schädlingen unserer Nutzpflanzen. Manche Arten vertilgen aber auch Blatt- und Schildläuse. ■

◀ **Blasenfuß (Ordnung Thysanoptera)**
■ REM, 280-fach

▶ **Blasenfuß (Ordnung Thysanoptera) – Hautoberfläche**
Die Haut der Larven ist gepanzert und enthält Drüsen und Sinneshaare.
■ REM, 1.200-fach

▶ **Afrikanische Wanderheuschrecke (Familie Acrididae)**
■ Makro, 8-fach

Feldheuschrecken (Acrididae)

Einer der bekanntesten Vertreter der Feldheuschrecken ist die Afrikanische Wanderheuschrecke. Diese Insekten werden auch „Zähne des Windes" genannt, da sie mit den Luftbewegungen oftmals mehr als 100 Kilometer weit verdriftet werden. Bekannt sind sie als eine der „Biblischen Plagen". Die Schwärme können aus ein bis zwei Milliarden Tieren bestehen, die mitunter ganze Landstriche kahl fressen. Einzelne Tiere sind ungefährlich. Doch wenn sie sich massenhaft ansammeln und sich mit den Hinterbeinen berühren können, kommt es zur Schwarmbildung. Die Tiere leben einige Monate, legen aber, bevor sie einen Massentod sterben, ihre Eier ab. Bei hohen Temperaturen können sich wiederum neue Schwärme entwickeln. Die Bekämpfung ist nur mit einem massiven Einsatz an Pestiziden, die jedoch auch andere Insekten töten, möglich. ■

Schmetterlinge (Lepidoptera)

Bereits vor den Dinosauriern, vor circa 250 Millionen Jahren, gab es Schmetterlinge. Sie gehören zu den ältesten Insekten und bewohnen mit mehr als 180.000 Arten die ganze Erde. Die kleinsten Falter haben eine Flügelspannweite von nur zwei Millimetern, die größten eine Spannweite bis zu 30 Zentimeter. Die Flügel sind meist breitflächig und bestehen aus je einem Paar Vorder- und Hinterflügeln, die mit Schuppen besetzt sind. Drüsen, die mit den Schuppen in Verbindung stehen, geben Duftstoffe ab, die Partner anlocken und von diesen mit den gefiederten Fühlern aufgenommen werden. Nach der Begattung legen die Weibchen Eier, aus denen Raupen schlüpfen, die sich meist nur von ganz bestimmten Futterpflanzen ernähren. Aus der Raupe entwickelt sich die Puppe, deren Hülle durch den Falter gesprengt wird. Alle Raupen besitzen Spinnfäden, mit denen sie sich an ihren Futterpflanzen festhalten können. Seidenraupen leben von den Blättern des Maulbeerbaums und spinnen für ihre walnussgroßen Kokons endlose Fäden, die wir Menschen zur Herstellung von Seide nutzen.

Die Facettenaugen der Tagfalter können unterschiedliche Farben wahrnehmen und auch die Partner erkennen. Nachtfalter dagegen orientieren sich nur am schwachen Himmelslicht, zusätzlich unterstützt von ihrem hoch entwickelten Geruchssinn. Der Geschmackssinn der Schmetterlinge sitzt in ihren Füßen. Mit den „Sensillen" können sie die Ausscheidungen von Pflanzen und gärenden Substanzen wahrnehmen, die sie mit einem einrollbaren Saugrüssel aufsaugen. Leider sind viele Schmetterlingsarten extrem bedroht, da ihnen ihre speziellen Futterpflanzen fehlen. ▪

▶ **Tagpfauenauge (Inachis io)**
Dieser Falter ist bereits im zeitigen Frühjahr unterwegs und besucht eifrig die ersten Blüten.
▪ Makro, 1,5-fach

▲ Tagpfauenauge (Inachis io) – Schuppen

Die einzelnen Schuppen der Flügeloberseite sind jeweils mit einem kurzen Stiel in den Flügeln verankert. Farben- und Zeichnungsmuster der Flügel werden von diesen Schuppen hervorgebracht. Bestimmte Schuppen stehen mit Drüsen in Verbindung, die Duftstoffe absondern, um Partner anzulocken.

■ REM, 3.800-fach

▲ Tagpfauenauge (Inachis io) – Eier

Die Eier von Schmetterlingen sind meist rundlich und in auffälliger Weise skulpturiert. Je nach Art können zwischen 50 und einigen 1.000 Eiern abgelegt werden. Die Eier des Tagpfauenauges werden einzeln oder in Gruppen an die große Brennnessel geklebt, von der sich die Raupen nach dem Schlüpfen ausschließlich ernähren.

■ REM, 120-fach

▲ **Kleines Nachtpfauenauge (Saturnia pavonia)
– Antenne**

Die doppelt gefiederten Antennen des Männchens besitzen einen ausgeprägten Geruchssinn, der sie selbst im Dunkeln Futterpflanzen und paarungsbereite Weibchen finden lässt.
■ REM, 40-fach

◀ **Kleines Nachtpfauenauge (Saturnia pavonia)**

Die männlichen Tiere sind mit 60 Millimetern deutlich kleiner als die Weibchen. Mit ihren ausgeprägten Antennen nehmen sie vor allem nachts die Duftstoffe der am Boden verborgenen Weibchen über oft kilometerweite Entfernungen wahr. Bald nach der Paarung sterben die Männchen.

■ Makro, 2,2-fach

▲ Nonne (Lymantria monacha)

Zu erkennen ist das männliche Tier an seinen doppelt gekämmten gewaltigen Fühlern. Nonnen sind nachtaktive Tiere und in unseren Laub- und Nadelwälder nicht selten. Kommt es zu einer Massenvermehrung, entstehen oft verheerende Schäden an den Bäumen, die von den Raupen kahl gefressen werden.

■ Makro, 7-fach

▲ **Nonne (Lymantria monacha) – Kopf**

Die fast kugeligen, riesigen Augen dieses Weibchens deuten auf die Nachtaktivität des Falters hin. Der Kopf selbst ist klein und stark behaart, die Antennen beim Weibchen nur einfach gekämmt.

Mit Hilfe eines Legeapparates legen die Weibchen bis zu 300 Eier an Bäumen unter der Rinde, im Moos und in Flechten ab.

■ REM, 12-fach

▲ Nonne (Lymantria monacha) – Raupe

Aus den Eiern, die selbst die härtesten Winter überstehen, schlüpfen im Frühjahr die Raupen. Auf winzigen Warzen stehen sternförmige Haarbüschel, die stark nesseln und beim Menschen Hautentzündungen hervorrufen können. Den Tag verbringen die Raupen meist am Boden, wohin sie sich abseilen, und klettern erst nachts wieder zu den Futterquellen empor. Die neuen Falter erscheinen ungefähr drei Wochen nach der Verpuppung in einem losen Gespinst.
■ REM, 32-fach

▲ **Nonne (Lymantria monacha) – Schuppen**

Die Flügel der Nonnen sind von stützenden Chitinadern durchzogen und mit Haaren und Schüppchen besetzt. Die Farbigkeit der Schuppen wird durch Pigmente erzeugt. Männchen und Weibchen sondern durch Drüsen und Duftschuppen einen Duft ab, der für die Paarung wichtig ist.
■ REM, 400-fach

▲ Linienschwärmer (**Hyles livornica**)

Dieser Wander-Falter erhielt seinen lateinischen Namen nach der italienischen Stadt Livorno, wo er erstmals gefunden wurde. Er kann Fluggeschwindigkeiten von bis zu 70 Kilometer pro Stunde erreichen und dabei weite Distanzen überwinden. Zu erkennen ist er beispielsweise an den weißen „Linien" auf der Flügeloberseite und den Fühlern, die geschuppt sind und die für ihn typisch weißen Spitzen besitzen.

■ Makro, 3-fach

▲ Mittlerer Weinschwärmer (Deilephilia elpenor)

Dieser Falter, der eine Spannweite von fast 60 Millimetern erreichen kann, ist nachtaktiv. Der Rüssel kann einige Zentimeter weit ausgefahren werden. Während des Fluges geben die Tiere einen Brummton von sich. Sie können, ähnlich wie Kolibris, still in der Luft verharren. Viele Blütenpflanzen, die erst in der Dämmerung ihre Blütenkelche öffnen, sind von der Bestäubung durch diese Schmetterlinge abhängig.

■ Makro, 3-fach

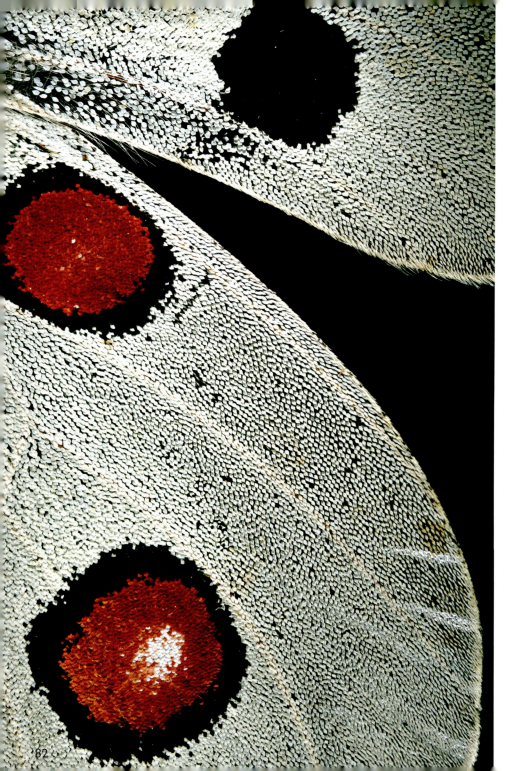

◀ **Apollofalter
(Parnassius apollo) – Flügel**

Um zu starten, benötigen die Apollofalter viel Wärme, die tagsüber über die Flügel aufgenommen wird. Die Körpertemperatur muss mindestens 30 Grad betragen, damit der Falter abheben kann. Die Vorderflügel besitzen einen durchsichtigen Rand. Die roten Augenflecke befinden sich nur auf den Hinterflügeln.

■ Makro, 8-fach

▶ **Apollofalter
(Parnassius apollo)**

Diese schönen Tiere kommen vor allem auf der nördlichen Erdhalbkugel in Gebirgslandschaften vor. Die wenigen Populationen, die bei uns noch in einem sehr kleinen Gebiet in Baden-Württemberg zu finden sind, stehen unter strengem Naturschutz. Apollofalter zeigen einen flatternden bis wundervoll gleitenden Flug, und man hat sie schon bis in Höhen von bis zu 2.000 Metern gefunden. Der Körper ist stark behaart und die Antennen sind schwarz-weiß geringelt.

■ Makro, 2,5-fach

◀ **Uraniafalter
(Chrysiridia madagascarensis)**

Dieser traumhaft schöne Schillerfalter gehört zur Familie der Uraniidae. Er lebt nur in tropischen Gebieten und kommt dort in vielen verschiedenen Farbvariationen vor. Der Flug ist schwebend und elegant. Nur tagaktive Tiere zeigen ihr überwältigendes Farbenspiel. Nachtaktive Uraniafalter dagegen sind farblich meist unscheinbar.
■ Makro, 2,4-fach

▶ **Uraniafalter – Flügel
(Chrysiridia madagascarensis)**

Tagsüber fliegende Uraniafalter zeigen im Wechsel des Lichteinfalls schillernde Farben von ungeheurer Pracht. Dies ist vor allem beim Ruhen der Falter in der Sonne zu beobachten, da sie dann ihre Flügel flach ausbreiten.
■ Makro, 16-fach

▲ **Uraniafalter – Schuppen
(Chrysiridia madagascarensis)**

Aufgrund einer speziellen Schuppenstruktur entstehen durch Licht-Interferenzerscheinungen die wunderschönen Schillerfarben der Uraniafalter. In den schwarzen Flecken findet sich eine andere Schuppenstruktur, wodurch sie völlig matt wirken.
■ LM-AL-DF, 60-fach

▲ **Uraniafalter – Schuppen**
(Chrysiridia madagascarensis)

Sowohl die Vorder- als auch die Rückseite der Flügel weisen beide Schillerfarben auf. Dadurch kann der Falter selbst mit zugeklappten Flügeln Eindruck machen.

■ LM-AL-DF, 240-fach

▲ **Ritterfalter (Papilio spec.)**

Manche Schmetterlinge, wie dieser Ritterfalter aus der Familie der Papilionidae, schützen sich vor Fressfeinden, indem sie die Warntracht anderer giftiger Falter annehmen. Diese Art der Täuschung ist bei Schmetterlingen am weitesten entwickelt. Manche Papilio-Arten können bis zu 40 verschiedene Farben und Formen annehmen. Einmal erscheinen sie geschwänzt, ein anderes Mal ungeschwänzt. Die europäischen Ritterfalter erreichen eine Flügelspannweite von bis zu 75 Millimetern. Die wenigen in Süddeutschland lebenden Arten, wie beispielsweise der Schwalbenschwanz und der Apollofalter, sind vom Aussterben bedroht, da ihnen die Futterpflanzen fehlen.

■ Makro, 1,4-fach

▲ **Schwalbenschwanz (Papilio machaon)**

Unterstützt durch die Schwänze am Hinterleib, sind diese wunderschönen Schmetterlinge in der Lage, schwerelos über weite Strecken zu schweben. Sie können eine Flügelspannweite von bis zu 70 Millimetern erreichen. Unser heimischer Schwalbenschwanz legt seine Eier gerne an der Wilden Möhre, Petersilie, Dill, Karotten und anderen Doldengewächsen ab. Die Raupen können bei Gefahr einen übel riechenden Duft absondern. Die Puppen der zweiten Generation überstehen den Winter und im Mai oder Juni schlüpft die nächste Generation.

■ Makro, 2-fach

Libellen (Odonata)

Libellen, auch Wasserjungfern genannt, gehören zu den größten Flugkünstlern der Insekten überhaupt. Vom eleganten Gleitflug bis zu rasanten Jagdflügen beherrschen sie fast alle Flugmanöver. Die Tiere sind meist schlank und, vor allem die Männchen, eindrucksvoll gefärbt. Der von den großen Komplexaugen beherrschte Kopf ist frei beweglich. Die Komplexaugen können aus bis zu 30.000 Einzelaugen bestehen. Auf der Stirn befinden sich zudem noch die so genannten „Punktaugen", mit denen Libellen zusätzlich Helligkeitsveränderungen wahrnehmen können.

Fortpflanzungshabitate sind meist kühle und schattige Gewässerläufe oder Teiche und Seen. ■

▶ **Blauflügel Prachtlibelle (Calopteryx virgo)**

Diese Libellenart wurde schon in 1.000 Meter Höhe im Gebirge gefunden. Sie ist in Europa weit verbreitet. Ihr Vorkommen an von ihr bevorzugten Gewässern zeugt von einer guten Wasserqualität.
■ Makro, 3-fach

▲ Kleine Mosaikjungfer (Brachytron pratense)

Diese Mosaikjungfer ist soeben geschlüpft. Die Larven entwickeln sich über mehrere Larvenstadien, zwischen denen jeweils eine Häutung stattfindet. Anschließend verpuppen sie sich. Nach dem Schlüpfen sind die jungen Tiere noch milchig getrübt. Sie benötigen circa vier Stunden, bis Körper und Flügel die endgültige Festigkeit und Größe erreicht haben.

Dann starten sie in ihr kurzes Libellenleben, das nur zwei bis drei Monate andauert.

■ Makro, 2-fach

▲ **Kleine Mosaikjungfer – Flügelansatz (Brachytron pratense)**

Libellen sind Jäger. Sie fliegen elfenhaft schwebend oder rasant schnell und verteidigen ihr Revier. Die zwei Hinter- und Vorderflügel sind durchsichtig und von einem dichten Adernetz durchzogen. Libellen können Fluggeschwindigkeiten von bis zu 100 Stundenkilometern erreichen und sogar wie ein Hubschrauber senkrecht in der Luft stehen.

■ Makro, 8-fach

▶ **Kleine Mosaikjungfer – Kopf der Larve (Brachytron pratense)**

Die Larven der Mosaikjungfer sind Wassertiere, die von April bis September schlüpfen und andere Tiere im Wasser jagen. Ihre Unterlippe ist zu einer Art Greifzange, der so genannten Fangmaske, ausgebildet. Oft sitzen die Tiere stundenlang an einer Stelle und lauern auf Beute, die sie dann mit einem blitzschnellen Ausklappen ihrer Fangmaske erfassen und zerbeißen.

■ REM, 18-fach

Glossar

▶ **REM = Rasterelektronenmikroskop**

Das REM erzeugt Oberflächenabbildungen wie wir sie auch mit dem bloßem Auge sehen. Durch einen Elektronenstrahl, der Zeile für Zeile über die Oberfläche geführt wird, entsteht das Bild. Im Vergleich zur Lichtmikroskopie erhält man eine deutlich größere Tiefenschärfe. Theoretisch sind mit einem REM Vergrößerungen bis zu 500.000-fach machbar. Man hat daher die Möglichkeit, in die faszinierenden Welten des Mikrokosmos vorzudringen und diese räumlich sichtbar zu machen.

1977 hat Manfred P. Kage die Mehrfarbigkeit im REM etabliert und erstmals eine Möglichkeit gefunden, die bisher schwarz-weißen Bilder farbig zu präsentieren. Heute wird die Farbe im REM digital erzeugt. ■

▶ **LM = Lichtmikroskop**

Im Gegensatz zum REM kann man mit einem LM nur bis zu einer Größe von circa 2.000-fach vergrößern. Mit einem LM kann man sehr kleine Objekte, die mit bloßem Auge nicht mehr sichtbar sind, mit vielerlei optischen Effekten darstellen. Dazu gehört das **HF = Hellfeld**, das **DF = Dunkelfeld**, **AL = Auflicht**, **DIC = Differentieller-Interferenzkontrast** nach **Nomarski**, **JL = Interferenzkontrast** nach **Jamin-Lebedeff**, und **Pol = polarisiertes Licht**. Die wunderbaren Farben des polarisierten Lichtes entstehen durch Polfilter, die das Licht in nur einer Schwingungsebene hindurchlassen und das weiße Licht in Interferenzfarben auftrennen. 1957 erfand Manfred P. Kage den **Polychromator**, mit dem man Tausende Farbvariationen erzeugen kann. ■

▶ **Makro = Balgengerät mit Lupenobjektiv**

Mit einer Spiegelreflexkamera und angesetztem Balgengerät mit einem Lupenobjektiv können größere Objekte im Maßstab von 1:1 bis 30:1 fotografiert werden. Durch die Makrofotografie lassen sich komplette Insekten, oder aber mit einem Stereomikroskop Ausschnitte des Körpers darstellen. Eine Kombination von Auflicht und Durchlicht mit LED-Lampen ermöglicht das Hervorheben besonderer Strukturen. ■

Impressum

1. Auflage
Alle Rechte vorbehalten.
© 2012 Manuela Kinzel Verlag
Layout: gografix.de

ISBN 978-3-937367-63-7

Manuela Kinzel Verlag

Institut für wissenschaftliche Fotografie
Manfred Kage, Christina Kage,
Ninja-Nadine Kage und Oliver Gerstenberger

06844 Dessau / 73037 Göppingen
Tel. +49(0)7165 929 399

Schloss Weißenstein
73111 Lauterstein

info@manuela-kinzel-verlag.de
www.manuela-kinzel-verlag.de

info@kage-mikrofotografie.de
www.kage-mikrofotografie.de

Bereits im Manuela Kinzel Verlag erschienen sind:

KAGEs
fantastische
Mikrowelten

erschienen 2010
ISBN: 978-3-937367-06-4

KAGEs
fantastische
Insektenwelten

erschienen 2012
ISBN: 978-3-937367-63-7

KAGEs
fantastische
?welten

Buch in Planung.
Lassen Sie sich überraschen!